रीढ़ का दर्द

समस्याएं एवं यौगिक उपचार

लेखक
पवन जैन
आध्यात्मिक, औरा, प्राण,
एक्युप्रेशर व योग उपचारक

वी एण्ड एस पब्लिशर्स

प्रकाशक

वी एण्ड एस पब्लिशर्स

F-2/16, अंसारी रोड, दरियागंज, नई दिल्ली-110002
☎ 23240026, 23240027 • *फैक्स:* 011-23240028
E-mail: info@vspublishers.com • *Website:* www.vspublishers.com

क्षेत्रीय कार्यालय : हैदराबाद
5-1-707/1, ब्रिज भवन (सेन्ट्रल बैंक ऑफ इण्डिया लेन के पास)
बैंक स्ट्रीट, कोटी, हैदराबाद-500 095
☎ 040-24737290
E-mail: vspublishershyd@gmail.com

शाखा : मुम्बई
जयवंत इंडस्ट्रिअल इस्टेट, 1st फ्लोर-108, तारदेव रोड
अपोजिट सोबो सेन्ट्रल, मुम्बई - 400 034
☎ 022-23510736
E-mail: vspublishersmum@gmail.com

BUY OUR BOOKS FROM: AMAZON FLIPKART

© कॉपीराइट: वी एण्ड एस पब्लिशर्स

ISBN 978-93-814488-9-2

संस्करण 2020

DISCLAIMER

इस पुस्तक में सटीक समय पर जानकारी उपलब्ध कराने का हर संभव प्रयास किया गया है। पुस्तक में संभावित त्रुटियों के लिए लेखक और प्रकाशक किसी भी प्रकार से जिम्मेदार नहीं होंगे। पुस्तक में प्रदान की गयी पाठ्य सामग्रियों की व्यापकता या सम्पूर्णता के लिए लेखक या प्रकाशक किसी प्रकार की वारंटी नहीं देते हैं।
पुस्तक में प्रदान की गयी सभी सामग्रियों को व्यावसायिक मार्गदर्शन के तहत सरल बनाया गया है। किसी भी प्रकार के उद्धरण या अतिरिक्त जानकारी के स्रोत के रूप में किसी संगठन या वेबसाइट के उल्लेखों का लेखक या प्रकाशक समर्थन नहीं करता है। यह भी संभव है कि पुस्तक के प्रकाशन के दौरान उद्धृत बेवसाइट हटा दी गयी हो।
इस पुस्तक में उल्लिखित विशेषज्ञ के राय का उपयोग करने का परिणाम लेखक और प्रकाशक के नियंत्रण से हटकर पाठक की परिस्थितियों और कारकों पर पूरी तरह निर्भर करेगा।
पुस्तक में दिये गये विचारों को आजमाने से पूर्व किसी विशेषज्ञ से सलाह लेना आवश्यक है। पाठक पुस्तक को पढ़ने से उत्पन्न कारकों के लिए पाठक स्वयं पूर्ण रूप से जिम्मेदार समझा जायेगा।
उचित मार्गदर्शन के लिए पुस्तक को माता-पिता एवं अभिभावक की निगरानी में पढ़ने की सलाह दी जाती है। इस पुस्तक के खरीददार स्वयं इसमें दिये गये सामग्रियों और जानकारी के उपयोग के लिए सम्पूर्ण जिम्मेदारी स्वीकार करते हैं।
इस पुस्तक की सम्पूर्ण सामग्री का कॉपीराइट लेखक/प्रकाशक के पास रहेगा। कवर डिजाइन, टेक्स्ट या चित्रों का किसी भी प्रकार का उल्लंघन किसी इकाई द्वारा किसी भी रूप में कानूनी कार्रवाई को आमंत्रित करेगा और इसके परिणामों के लिए जिम्मेदार समझा जायेगा।

मुद्रक *:* परम ऑफसेटर्स, ओखला, नयी दिल्ली-110020

निवेदन

विश्व में आज अनेक रोग साधारण हो गये हैं, मेरुदण्ड का रोग व दर्द भी उन्हीं साधारण रोगों में से एक है। कुछ दशक पहले तक मेरुदण्ड का दर्द साधारणतया युवावस्था में नहीं होता था, परन्तु वर्तमान समय में लगातार अध्ययन, कम्प्यूटर पर कार्य करने के घंटों में वृद्धि, खेल-कूद व व्यायाम की कमी तथा तरह-तरह के भय के कारण मेरुदण्ड का दर्द अब इस अवस्था में भी सताने लगा है। मैं पिछले दो दशकों से अनेक रोगों का आध्यात्मिक उपचार, औरा-हीलिंग (aura healing), एक्युप्रेशर (acupressure), प्राणायाम, योगासन, ध्यान, यौगिक षट्कर्म, मनोवैज्ञानिक परामर्श (psychological counselling), जीवन-शैली में परिवर्तन द्वारा उपचार कर रहा हूं और इन विधियों को पूर्ण रूप से सफल पाया है। मैंने मेरुदण्ड के रोगों का भी इन्हीं विधियों से उपचार किया और पाया कि उनको भी इन्हीं विधियों द्वारा सुगमता और शीघ्रता से दूर किया जा सकता है। साथ ही एलोपैथी की दवाओं तथा फिजियोथिरेपी (physiotherapy) की भी आवश्यकता नहीं पड़ती है। मैं दवाओं के विरुद्ध नहीं हूं परन्तु उनका उपयोग तभी करना चाहिये, जब इन विधियों द्वारा दर्द दूर होना असम्भव हो।मेरुदण्ड के दर्द को आप स्वयं भी दूर करने का प्रयास कर सकते हैं और साथ ही इसमें दर्द होने से भी बचे रह सकते हैं। इसी उद्देश्य को ध्यान में रखते हुए मैं यह पुस्तक लिख रहा हूं और विश्वास करता हूं कि इसके अध्ययन से आप अवश्य ही लाभान्वित होंगे।

मैं अपने उन सभी रोगियों का आभारी हूं, जो अपने कष्टों के माध्यम से मेरे सम्पर्क में आये। उनको पीड़ामुक्त करते समय प्राप्त अनेकानेक नवीन अनुभवों ने मेरे ज्ञान व योग्यता का उत्तरोत्तर विकास किया। इसके अतिरिक्त मैं अपनी पुत्री मकुर जैन को भी हृदय से धन्यवाद देता हूं जिसके अथक परिश्रम तथा सहयोग से इस पुस्तक की रचना सम्भव हो सकी।

- पवन जैन

आध्यात्मिक, औरा, प्राण, एक्युप्रेशर व योग उपचारक

सत्यबोध आश्रम, तीरथ विहार, अतरौली,

गुडम्बा थाना, कुर्सी रोड, लखनऊ-226006

ई-मेलः satyabodhashram@gmail.com, मोबाइलः 91-94500-57070

सत्य बोध आश्रम
योग, परामर्श एवं होलिस्टिक हीलिंग संस्थान

श्री पवन जैन ने आध्यात्मिक उपचार, औरा हीलिंग (aura healing), प्राण-उपचार, एक्युप्रेशर, योग आसन, यौगिक षट्कर्म, प्राणायाम, ध्यान आदि के प्रशिक्षण एवं विभिन्न रोगों के उपचार हेतु वर्ष 2002, में सत्यबोध आश्रम की स्थापना की। यह आश्रम शहर के शोर से दूर है तथा योग की साधना के लिये अत्यन्त उपयुक्त है। यहां पर देश-विदेश के अनेकों व्यक्ति विभिन्न पाठ्यक्रमों का प्रशिक्षण ले रहे हैं।

कनाडा, मैक्सिको, न्यूजीलैण्ड, ब्राजील, लाटविया एवं इण्डोनेशिया से आए योग प्रशिक्षणार्थी

लखनऊ शहर के एक स्कूल के विद्यार्थी

औरा हीलिंग प्रशिक्षण लेते हुए एक फ्रांसीसी महिला

1.	परिचय	7
2.	स्थूल बनावट	10
3.	सूक्ष्म बनावट	16
4.	दर्द दूर करने के उपाय	20
5.	जीवन-शैली में परिवर्तन	26
6.	दुख, भय व चिन्ता से मुक्ति	37
7.	योगासन	39
8.	वैज्ञानिक कुर्सी (Ergonomic Chair)	46
9.	क्या सर्जरी करायें ?	49
10.	कर्म-परिणाम नियम	51
11.	माता-पिता व शिक्षकों के लिये	53
12.	अक्सर पूछे जाने वाले प्रश्न	55
13.	फीडबैक्स	59

अनुक्रमणिका

श्री पवन जैन ने देश-विदेश के अनेकों व्यक्तियों के कमर व गर्दन के दर्द को दूर किया है। इनमें से अधिकांश वे रोगी थे, जिन्हें शल्य-चिकित्सा की राय दी गयी थी।

उन्होंने मेडिकल चिकित्सकों के समक्ष एक रोगी का कई दिनों से लगातार बहता रक्त मात्र कुछ मिनटों में रोकने में सफलता पायी।

एक रोगी की मेडिकल चिकित्सकों के अनुसार एक आंख की समाप्त हो गयी दृष्टि को पुनः वापस लाने में सफलता पायी।

अनेकों रोगियों के फ्रोजन शोल्डर तथा घुटनों की जकड़न को मात्र पांच मिनट के उपचार से सही किया।

कई रोगियों के रोग का कारण उन्होंने औरा (aura) की गन्ध से पहचाना और उन्हें निरोगी किया।

परिचय   01

मेरुदण्ड या रीढ़ हमारे शरीर का आधार है। हमारा पूरा शरीर इसी से बंधा है। हम शरीर की सभी क्रियाएं जैसे उठना, बैठना, खड़े रहना, चलना या दौड़ना आदि इसी की सहायता से करते हैं। इन क्रियाओं के लिये मेरुदण्ड का मजबूत व लचीला होना अत्यन्त आवश्यक है। यदि यह स्वस्थ है, तो हम सभी शारीरिक क्रियाएं सुगमता से कर सकते हैं और शरीर से आनन्द की अनुभूति पा सकते हैं, परन्तु यदि इसमें दर्द है, तो हमारा जीवन दुखमय बन जाता है।

मेरुदण्ड का दर्द चाहे कम हो या अधिक, यह हमारे शरीर, मन व आर्थिक दशा को नकारात्मक रूप से प्रभावित करता है। दर्द के कारण शरीर किसी एक मुद्रा में अधिक समय तक बैठ नहीं पाता है, मन किसी विषय पर एकाग्र नहीं कर पाता है, उसकी सोचने की शक्ति कम हो जाती है तथा बुद्धि की निर्णय लेने की शक्ति भी कमजोर हो जाती है। इतना ही नहीं, दर्द से इच्छा शक्ति भी क्षीण होती है और यदि कहीं मेरुदण्ड का दर्द एक लम्बे समय तक दूर न हो, तो यह व्यक्ति को अवसाद (depression) की अवस्था में पहुंचा देता है और रोगी की सोच को निराशावादी या आत्मघाती तक बना देता है।

मेरुदण्ड के दर्द से व्यक्ति के जीवन के अनेक अनमोल दिन व्यर्थ हो जाते हैं। विद्यार्थी पढ़ाई में पिछड़ जाते हैं, उद्योगकर्मियों व व्यापारियों

की प्रगति बाधित होती है और नौकरी करने वालों की छुट्टियां व्यर्थ चली जाती हैं। मेरुदण्ड के दर्द से आपका बचत धन विभिन्न प्रकार के महंगे मेडिकल परीक्षणों तथा दवाओं में व्यर्थ हो जाता है।

आपको चाहिये कि मेरुदण्ड के दर्द को गम्भीरता से लें। यदि आपके मेरुदण्ड में हल्का भी दर्द या जकड़न रहती है, तो इसे दूर करने के उपायों को शीघ्र ही अपना लें अन्यथा विलम्ब या लापरवाही से कभी-कभी हाथ या पैर कोई भी कार्य न कर पाने की अवस्था तक में आ सकते हैं। मेरुदण्ड के दर्द के कारण आज असंख्य व्यक्ति निराशा भरा जीवन जी रहे हैं और साथ ही उनके परिवार के अन्य सदस्यों का जीवन भी प्रभावित हो रहा है।

माना जाता है कि विश्व के तीन चौथाई व्यक्तियों को अपने जीवन में एक बार अवश्य ही मेरुदण्ड के दर्द की पीड़ा से गुजरना पड़ता है और इनमें से अधिकाधिक व्यक्तियों के दर्द का कारण उनका स्वयं का मेरुदण्ड को गलत ढंग से उपयोग करना है। यदि मेरुदण्ड में दर्द होने की सम्भावना इतनी अधिक है, तो हमें अवश्य ही इससे बचने के उपायों को अपना लेना चाहिये। माता-पिता तथा शिक्षकों को चाहिये कि बच्चों को प्रारम्भ से ही मेरुदण्ड का सही ढंग से उपयोग करना सिखाएं, उनके बैठने की मुद्रा पर विशेष ध्यान दें तथा साथ ही उनमें बचपन से ही नित्य योगासन करने की आदत डालें।

मेरुदण्ड के दर्द को आप आसानी से दूर कर सकते हैं। इसके लिये आवश्यक है कि आप अपनी रीढ़ की बनावट व कार्य प्रणाली को थोड़ा समझ लें। इससे आपको स्पष्ट हो जायेगा कि समस्या कितनी छोटी या बड़ी है तथा साथ ही आपमें यह यह विश्वास जागेगा कि इसको आप स्वयं आसानी से दूर कर सकते हैं। मन में ऐसा विश्वास आते ही इससे सम्बन्धित आपका डर तथा अनेक आशंकायें स्वतः समाप्त हो जाएंगी और साथ ही मेरुदण्ड भी शीघ्र ठीक हो जाएगी।

02 स्थूल बनावट

मनुष्य की मेरुदण्ड की संरचना अत्यन्त जटिल परन्तु अद्भुत है। इसकी बनावट में आश्चर्यजनक इंजीनियरिंग छिपी है और इसको समझकर ऐसा प्रतीत होता है कि ईश्वर द्वारा प्रकृति को दी गयी बुद्धि मनुष्य की बुद्धि से अधिक कुशाग्र है जिसने धीरे-धीरे इतनी अद्भुत बनावट तैयार कर ली।

मेरुदण्ड में हड्डियां (vertebrae), डिस्क्स (discs), मांसपेशियां (muscles), टेण्डन्स (tendons), लिगामेन्ट्स (ligaments), सुषुम्ना नाड़ी (spinal cord), नाड़ियां (nerves) तथा अनेक सुराख हैं, जो

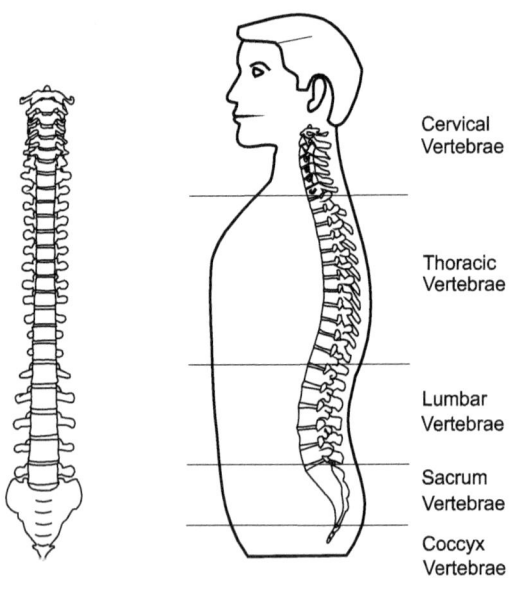

Front view of spine   Side view of spine

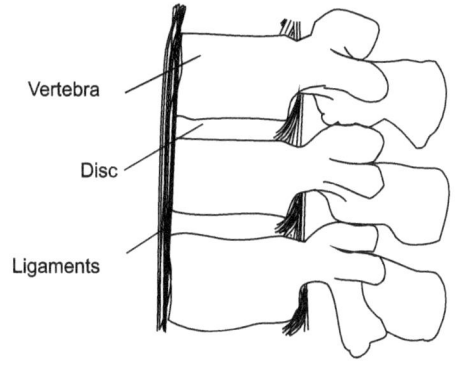

स्पाइनल केनाल (spinal canal) तथा फोरामेन (foramen) कहलाते हैं। इन सबको आप यूं समझिये कि ये मकान बनाने की सामग्री हैं। मेरुदण्ड में ईंट की तरह सख्त वर्टीब्रा, ईंटों के बीच का गारा (mortar) डिस्क खम्भे में ईंटों को इधर-उधर खिसकने से बचाने तथा आपस में चिपके रहने के लिये उपयोग में लाये जाने वाले लोहे के सरिये मांसपेशी, लिगामेन्ट तथा टेण्डन, पानी के पाइप व बिजली के तारों के लिये बनाये गए अनेक सूराख स्पाइनल केनाल तथा फोरामेन होते हैं। जिस प्रकार बिजली के मुख्य स्विच बोर्ड के आस-पास बिजली के तारों का जाल बिछा होता है उसी प्रकार पूरी मेरुदण्ड में सिवाय डिस्क्स के, नाड़ियों का जाल बिछा होता है। यदि मुख्य बोर्ड के पास का तार खराब हो जाए, तो किसी भी दूर के कमरे में अंधेरा हो सकता है उसी प्रकार मेरुदण्ड में एक स्थान पर नाड़ी दब जाए तो उसका प्रभाव दूर तक अर्थात् हाथ-पैर तक में महसूस हो सकता है। सुषुम्ना नाड़ी को बिजली के खम्भे से आपके घर में आता मुख्य तार समझें, जिसके खराब हो जाने पर पूरे घर में अंधेरा छा सकता है। सुषुम्ना नाड़ी में दबाव पड़ने पर शरीर में अत्यन्त खतरनाक परिणाम घट सकते हैं और जीवन में अंधेरा छा सकता है।

मेरुदण्ड में 33 हड्डियां, जो कशेरुकायें (vertebrae) कहलाती हैं, सामने या पीछे से देखने पर एक दूसरे के ऊपर एक सीध में रखी दिखाई देती हैं। परन्तु बगल से देखने पर उनमें कई जगह घुमाव दिखाई देते हैं। एक घुमाव गर्दन (cervical) पर सामने की ओर, दूसरा घुमाव छाती (thoracic) पर पीछे की ओर, तीसरा घुमाव कमर (lumbar) पर सामने की ओर, चौथा घुमाव नितम्ब (sacrum) पर पीछे की ओर तथा अन्तिम घुमाव (coccyx) सामने की ओर होता है। ये सभी घुमाव एक निश्चित नाप के होते हैं। कभी-कभी ये घुमाव खराब हो जाते हैं और शरीर विकृत दिखाई देने लगता है। कुतुबमीनार तथा पीसा टावर जरा सा झुक जाने पर विकृत दिखाई देने लगे हैं और साथ ही उनके जल्दी गिर जाने की आशंका पैदा हो गयी है, उसी प्रकार मेरुदण्ड के घुमाव खराब हो जाने पर मनुष्य का शरीर भी विकृत हो जाता है और जीवन की गुणवत्ता (quality) भी नकारात्मक रूप से प्रभावित हो जाती है। पीठ के ऊपरी भाग का अधिक घुमाव

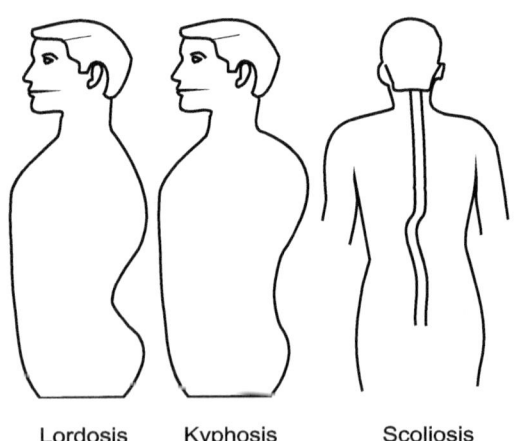

Lordosis Kyphosis Scoliosis

काइफोसिस (kyphosis) तथा कमर का अधिक घुमाव लॉरडोसिस (lordosis) कहलाता है। कुछ व्यक्तियों की मेरुदण्ड सामने या पीछे से देखने पर तिरछी दिखाई देती है, इसे चिकित्सा पद्धति में स्कॉलियोसिस (scoliosis) कहते हैं।

गर्दन से कमर तक की 24 कशेरुकाओं के बीच में 23 डिस्क्स होती हैं। ये डिस्क्स प्रकृति द्वारा बनायी गयी अत्यन्त अद्भुत बनावट हैं। ये आपके शरीर को चलने, दौड़ने, कूदने आदि में लगने वाले झटकों की परेशानी से बचाती हैं। यदि ये न होतीं तो आप वैसा ही महसूस करते जैसा कि आप गांव की ऊबड़-खाबड़ सड़कों पर दौड़ती बैलगाड़ी में यात्रा करने में महसूस करते हैं। डिस्क्स कशेरुकाओं के लिये मुलायम गद्दों (cushions) का कार्य करती हैं।

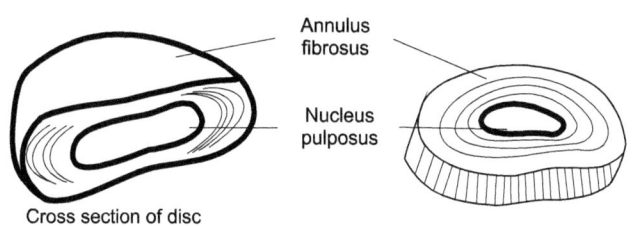

Cross section of disc

डिस्क में दो भाग होते हैं। आन्तरिक भाग को न्यूक्लियस पलपोसस (nucleus pulposus) तथा इसके चारों ओर के बाह्य भाग को एन्यूलस फाइब्रोसस (annulus fibrosus) कहते हैं। पलपोसस मुलायम परन्तु दृढ़ होता है। यह दबने पर चपटा हो जाता है और इसका आकार बदल जाता है। इसे आप गुब्बारे की तरह समझें। यदि आप गुब्बारे को दबाते हैं, तो यह चपटा हो जाता है और अपने अगल-बगल की जगह को

घेरता है। उसी प्रकार न्यूक्लियस पलपोसस चपटा होकर लिगामेन्ट्स या सुषुम्ना नाड़ी के चारों तरफ की परतों पर दबाव डालता है। पलपोसस के चारों ओर इसको सहारा देने के लिये तथा इसको फटने से रोकने के लिये तंतुओं के अनेक घेरे (annulus fibrosus) होते हैं।

बचपन और युवावस्था में डिस्क काफी लचीली होती है, परन्तु वृद्धावस्था में एन्यूलस फाइब्रोसस के तंतुओं की संख्या बढ़ जाने से इसका लचीलापन कम हो जाता है। लचीलापन कम हो जाने से शरीर पर झटकों का प्रभाव अधिक हो जाता है।

डिस्क के अन्दर नब्बे प्रतिशत पानी भरा होता है और डिस्क आवश्यकतानुसार पानी को स्वयं अपने ऊपर तथा नीचे की कशेरुकाओं से सोख लेती है या निष्कासित कर देती है। डिस्क एक पौधे की तरह निरन्तर पानी चाहती है। पानी कम सोख पाने पर डिस्क कमजोर होना शुरू हो जाती है। आयु बढ़ने के साथ-साथ डिस्क का पानी कम हो जाता है और डिस्क की मोटाई भी कम हो जाती है। इसीलिये वृद्धावस्था में मेरुदण्ड की कुल लम्बाई एक से पांच सेंटीमीटर तक कम हो जाती है।

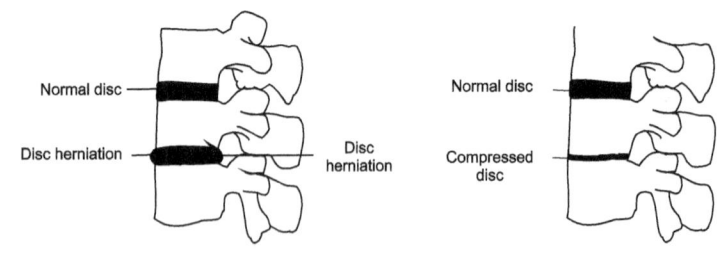

Herniation of disc   Reduction of intervertebral space

डिस्क के चारों तरफ नाड़ियों (nerves), लिगामेन्ट्स तथा रक्त की नलिकाओं (arteries and veins) का एक जाल सा बिछा होता है। अतः यदि डिस्क असामान्य रूप से पतली, चपटी हो जाए या अपने स्थान से कुछ खिसक जाए या फिर फट जाए तो इसका प्रभाव संवेदनशील लिगामेन्ट्स, मांसपेशियों तथा नाड़ियों पर पड़ता है और दर्द का अनुभव होना प्रारम्भ हो जाता है।

मेरुदण्ड के मध्य में एक लम्बी नाली (canal) होती है, जिसमें सुषुम्ना नाड़ी स्थित होती है। सुषुम्ना नाड़ी मस्तिष्क का ही हिस्सा होती है। यह चारों तरफ से तीन परतों से सुरक्षित होती है, परन्तु ये परतें अत्यंत संवेदनशील हैं। इन पर जरा सा भी दबाव अत्यंत पीड़ा देता है और आपको चेतावनी देता है कि दबाव और अधिक बढ़ने से सुषुम्ना नाड़ी को खतरा हो सकता है, अतः आप तुरन्त परत पर से दबाव हटाने के उपायों का प्रयास करें। सुषुम्ना नाड़ी से अनेक अन्य नाड़ियां निकलती हैं जो शरीर के विभिन्न हिस्सों में चली जाती हैं। जिन स्थानों से ये नाड़ियां सुषुम्ना नाड़ियों से जुड़ती हैं, वे हिस्से कुछ फूले हुए होते हैं। इन हिस्सों को नर्व रूट्स (nerve roots) कहा जाता है। सुषुम्ना नाड़ी पर किसी भी प्रकार का दबाव या आघात मस्तिष्क पर आघात के समान है और इसके अत्यन्त खतरनाक परिणाम घटित हो सकते हैं।

मेरुदण्ड की संरचना की जटिलता एवं जीवन में इसके महत्त्व को देखते हुये यह आवश्यक है कि आप अपनी मेरुदण्ड को अत्यधिक बुद्धिमानी के साथ उपयोग में लाएं। इसके साथ जरा सी लापरवाही जीवन को अव्यवस्थित कर सकती है।

03 सूक्ष्म बनावट

हर व्यक्ति की एक स्थूल बनावट और एक सूक्ष्म बनावट होती है। स्थूल बनावट के बारे में आप सभी जानते हैं, क्योंकि आपको यह ज्ञान अनेक वर्षों से दिया जा रहा है। परन्तु सूक्ष्म बनावट का ज्ञान स्कूल की पढ़ाई का विषय न होने के कारण आप सब तक नहीं पहुंचता है। आज सूक्ष्म शरीर (subtle body or energy body) पर अनेक देशों में शोध कार्य चल रहे हैं और काफी साहित्य भी उपलब्ध है।

रूस के निवासी सेमयन किरलियन (Semyon Kirlian) की सूक्ष्म शरीर की फोटो खींच पाने की सफलता ने जन समुदाय के भ्रम को, कि क्या वास्तव में सूक्ष्म शरीर होता है, विश्वास में बदल दिया है।

योग के अ[illegible] शरीर कई

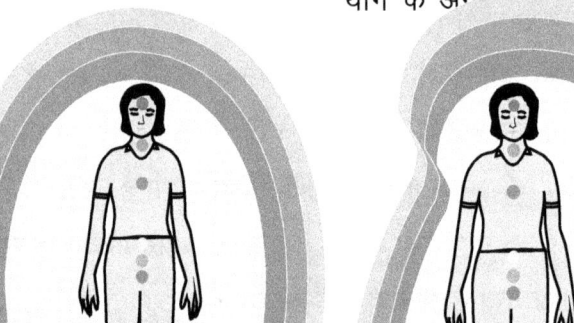

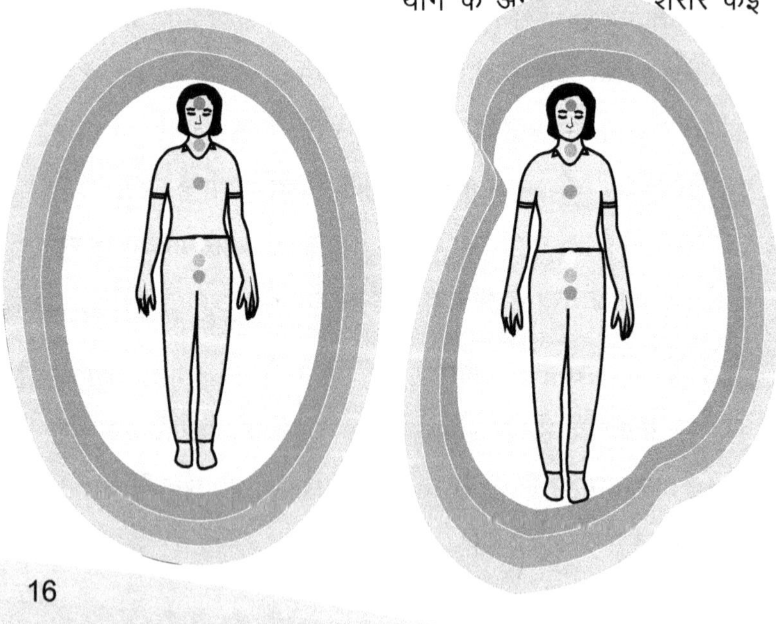

परतों का होता है और यह स्थूल शरीर के बाहर चारों तरफ कई इंचों तक फैला होता है। इसमें छ: चक्र होते हैं, जो आपस में तीन नाड़ियों के द्वारा जुड़े रहते हैं। इनके अलावा हजारों उप नाड़ियां होती हैं। इन सभी नाड़ियों में प्राण ऊर्जा निरन्तर प्रवाहित होती रहती है। प्राण का प्रवाहित होना जीवन का द्योतक है।

सूक्ष्म शरीर, स्थूल शरीर व मन आपस में जुड़े हुए हैं और एक दूसरे को प्रभावित करते हैं। इन तीनों में किसी भी एक में परिवर्तन अन्य दोनों को प्रभावित करता है। जिस प्रकार मन में तनाव या क्रोध हृदय की धड़कन या रक्तचाप को परिवर्तित कर देता है, उसी प्रकार से तनाव या क्रोध आदि के भाव सूक्ष्म शरीर में भी परिवर्तन ले आते हैं। किरलियन फोटोग्राफी से इन परिवर्तनों को स्पष्टतया देखा भी गया है।

इसी प्रकार यदि हम शरीर में कोई रसायन डालकर रक्तचाप (blood pressure) या हृदय की धड़कन बढ़ा दें, तो इससे व्यक्ति के मन की शान्त अवस्था, अशान्त अवस्था में परिवर्तित हो जाती है और साथ ही सूक्ष्म शरीर भी परिवर्तित हो जाता है। इसका विपरीत भी सम्भव है। मन को शान्त करके स्थूल व सूक्ष्म शरीर को सामान्य अवस्था में लाया जा सकता है। एक अवस्था यह भी है कि सूक्ष्म शरीर को सामान्य अवस्था में लाकर मन व स्थूल शरीर को सामान्य अवस्था में लाया जा सकता है। मैं अब आपसे अपने सूक्ष्म शरीर सम्बन्धी अनेक अनुभवों में से एक अनुभव को कहना चाहूंगा।

लखनऊ शहर में स्थित सेवा अस्पताल में एक महिला की सर्जरी (surgery) की गई। सर्जरी के बाद उस महिला के शरीर से कई दिनों

से लगातार खून बह रहा था, जो किसी भी प्रकार से दवाओं के द्वारा रुक नहीं पा रहा था। चिकित्सक काफी परेशान थे, समझ नहीं पा रहे थे कि क्या करें? रोगी की इस दशा में अस्पताल के मुख्य चिकित्सक ने मुझसे सहयोग चाहा। मैंने उस महिला के सम्पूर्ण सूक्ष्म शरीर को अपनी हथेलियों से महसूस करके परीक्षण (scanning of aura) किया और पाया कि उदर के ऊपर के सूक्ष्म शरीर में एक अत्यन्त छोटा सूराख है, जिससे प्राण ऊर्जा स्रावित (leak) हो रही है। औरा हीलिंग या प्राण उपचार (aura healing or pran therapy) द्वारा इस सूराख को मैंने कुछ ही देर में बन्द कर दिया। सूराख बन्द होते ही महिला के शरीर से खून का बहना धीमा होने लगा और कुछ ही मिनटों में रक्तस्राव पूर्णतया बन्द हो गया। चिकित्सकों के साथ-साथ मैं भी आश्चर्यचकित हुआ था कि यह विधि इतनी प्रभावी है, क्योंकि इस तरह का यह मेरा प्रथम अनुभव था।

इसी विधि का मैंने फ्रोजन शोल्डर (frozen shoulder), अर्थात् हाथों का ऊपर न उठ पाना, के रोगियों पर भी प्रयोग किया और पाया कि अनेक रोगी (सभी नहीं), मात्र दो मिनटों में जकड़न व दर्द से लगभग पूर्ण रूप से मुक्त हो गये।

मैंने अवसाद (depression) व तनाव की अवस्था में भी इस विधि का प्रयोग किया और पाया कि रोगी का मन धीरे-धीरे लगभग दस दिनों में पूर्णतया तनावमुक्त, शान्त व सकारात्मक हो जाता है।

मेरुदण्ड के दर्द की अवस्था में भी सूक्ष्म शरीर में परिवर्तन आ जाते हैं। इन्हीं परिवर्तनों को हटाकर, सूक्ष्म शरीर को सामान्य अवस्था में करके मेरुदण्ड का दर्द एवं इससे उपजित भय या चिन्ता को समाप्त किया जा सकता है।

सूक्ष्म शरीर, स्थूल शरीर के केवल बाहर ही नहीं होता है, वह इसके अन्दर भी होता है। इस शरीर के अन्दर भी असंख्य नाड़ियां हैं। एक्युप्रेशर विज्ञान इन्हीं नाड़ियों को स्वस्थ करने का एक उपाय है। इसके अनुसार स्थूल शरीर के अन्दर एक ऊर्जा का चक्र (circuit) स्थित है, जिसमें निरन्तर एक ऊर्जा प्रवाहित होती रहती है। यदि इस ऊर्जा का प्रवाह रुक जाय या ऊर्जा असंतुलित हो जाय, तो इससे शरीर में विकार पैदा हो जाते हैं।

सूक्ष्म शरीर को सामान्य करके निश्चित रूप से मेरुदण्ड के दर्द को दूर किया जा सकता है। अतः आज आवश्यकता है कि आप सूक्ष्म शरीर की संरचना पर उतना ही विश्वास करें, जितना स्थूल शरीर के आन्तरिक अंगों के होने पर करते हैं, भले ही आज विज्ञान के लिये सूक्ष्म शरीर की पूरी संरचना की फोटो लेना सम्भव न हो। विज्ञान निरन्तर प्रगति कर रहा है इसलिये मुझे विश्वास है कि विज्ञान एक दिन अतीत में खोजे ज्ञान की पुष्टि अवश्य कर देगा। तब तक के लिये आप शक के स्थान पर श्रद्धा करके सूक्ष्म शरीर को स्वस्थ करने की विधियों को अपनाकर अपना कष्ट दूर करें।

04 दर्द दूर करने के उपाय

मेरुदण्ड के गलत उपयोग करने से इस पर अत्यधिक दबाव पड़ता है, जिस कारण अक्सर इसमें प्रोलैप्स्ड, इन्टरवर्टीब्रल डिस्क (prolapsed intervertebral disc), स्पॉनडिलोसिस (spondylosis), स्पॉनडिलोलॉयसिस (spondylolysis), स्पॉनडिलोलिसथेसिस (spondylolisthesis), एनकीलोजिंग स्पॉनडिलाइटिस (ankylosing spondylitis) तथा सेकरॉयलाइटिस (sacroilitis) हो जाती है।

इन सभी रोगों के दर्द को दूर करने के लिये मैंने जिन विधियों को अपनाया और दर्द दूर करने में सफलता पायी, वे निम्न हैं—

- शय्या पर पूर्ण आराम
- एक्युप्रेशर
- औरा हीलिंग
- जीवन शैली में परिवर्तन
- दुख, भय व चिन्ता से मुक्ति

शय्या पर पूर्ण आराम (Complete bed rest)

साधारणतया अनेक व्यक्ति ऐसा सोचते हैं कि बैठना भी तो आराम है, परन्तु ऐसा नहीं है। बैठे रहने की अवस्था में भी मेरुदण्ड की मांसपेशियों को कार्य करना पड़ता है तथा डिस्क्स पर भी दबाव अधिक रहता है। मेरुदण्ड को आराम लेटने की अवस्था में ही मिलता है।

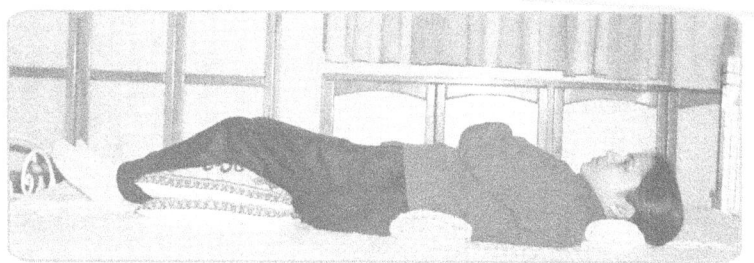

- दर्द की अवस्था में मेरुदण्ड को तीन से छह दिन पूर्ण आराम दें। पीठ के नीचे बैक-रेस्ट (back-rest), गर्दन के नीचे तौलिये को गोल लपेटकर, तथा घुटनों के नीचे लगभग छह से आठ इंच मोटा एक तकिया लगाएं। बैक-रेस्ट उपलब्ध न होने पर कमर के नीचे तौलिये को मोड़कर लगभग डेढ़ इंच मोटाई का बनाकर लगा दें। प्रारम्भ में बैक रेस्ट को उतनी ही देर लगाएं, जितनी देर आराम मिले। धीरे-धीरे अभ्यास से आप अधिक समय तक लगाने लगेंगे।

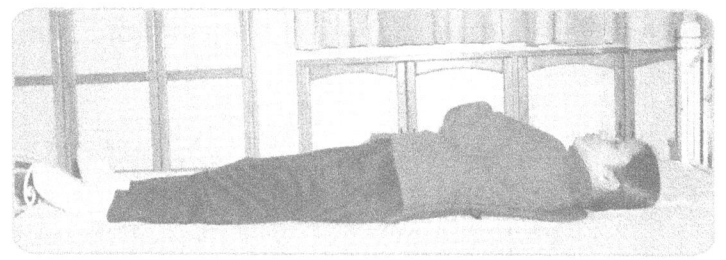

- पेट के बल लेटने में योग की शिथिल आसन की मुद्रा में लेटें।

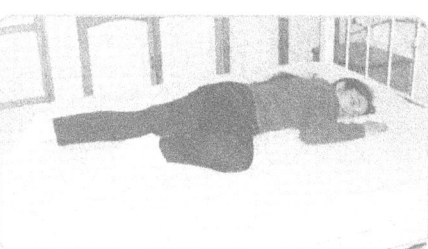

- बगल से लेटने में सिर के नीचे एक या दो कुशन (cushions) लगा लें, ताकि गर्दन सीधी रहे।

- बिस्तर से उठने के लिये पहले करवट लें, तब हाथों के सहारे धड़ को उठाकर बैठें।
- एक दिन में तीन या चार बार दर्द के स्थान की आवश्यकतानुसार सिंकाई करें।

एक्युप्रेशर (Acupressure)

मेरुदण्ड का दर्द दूर करने में एक्युप्रेशर अत्यधिक उपयोगी है। यह विधि उपयोगी होने के साथ-साथ सरल भी है तथा एलोपैथी की दवाओं

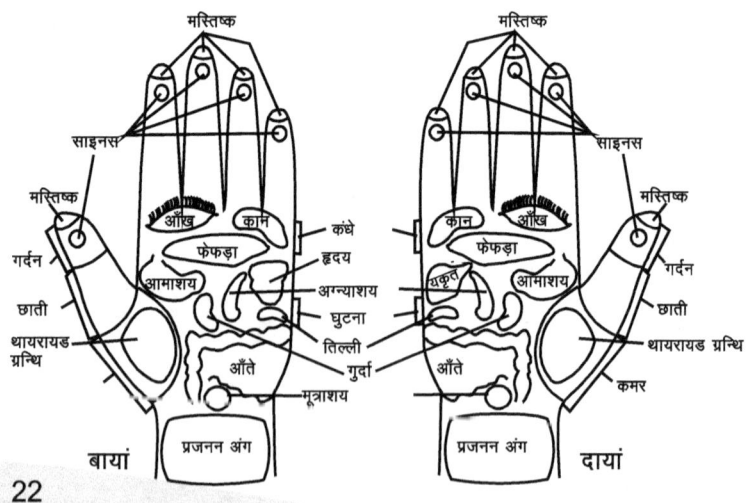

की तरह इसका कोई नुकसान देने वाला कुप्रभाव (side effect) नहीं होता है।

कमर तथा गर्दन के दर्द को दूर करने के लिये उनसे सम्बन्धित बिन्दुओं को दबाना होता है। इन बिन्दुओं पर कोई क्रीम, वैसलीन या तेल लगा 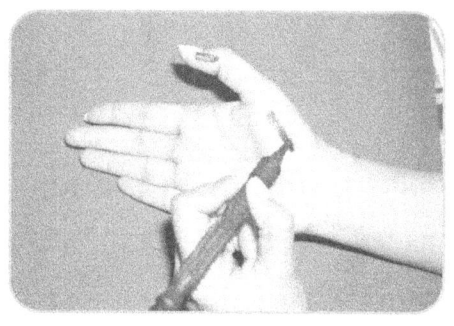 लें, ताकि त्वचा चिकनी हो जाये। अब बिन्दुओं को एक्युप्रेशर यंत्र से या लकड़ी की पेन्सिल के पिछले गोल सिरे से हल्का दबाव देते हुये रगड़ें। आप बिन्दुओं पर उतना ही दबाव दें, जितना आसानी से सहन कर सकते हैं।

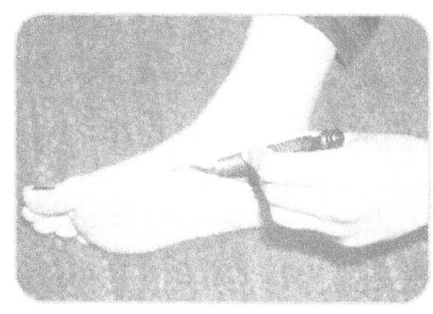
एक बार में एक बिन्दु को 25 से 30 बार दबायें। ऐसा सुबह व शाम करें। बिन्दुओं को दबाने के बाद प्रारम्भ के तीन दिनों तक इन्हें गर्म पानी में सेंक दें।

प्रथम दिन बिन्दुओं को दबाने में अत्यधिक दर्द महसूस हो सकता है, परन्तु आप महसूस करेंगे कि दर्द प्रतिदिन धीरे-धीरे कम होता जा रहा है। ज्यों-ज्यों बिन्दुओं का दर्द कम होता है, त्यों-त्यों कमर तथा गर्दन का दर्द भी कम होता जाता है।

चूंकि एक्युप्रेशर के बिन्दुओं में दर्द होता है, इसलिये आप स्वयं को दर्द से बचाने के लिये उचित दबाव नहीं देते हैं। बेहतर होगा कि आप इन बिन्दुओं को किसी अन्य व्यक्ति से दबवा लें।

औरा हीलिंग (Aura Healing)

यह विधि अद्भुत है। मैंने पाया है कि अनेक बार मेरुदण्ड का दर्द केवल औरा हीलिंग या प्राण-चिकित्सा से ही दूर हो जाता है।

एक व्यक्ति की गर्दन में असहनीय दर्द था और एलोपैथी, होम्योपैथी तथा फिजियोथिरैपी से कई माह के उपचार से भी दर्द दूर या कम न हुआ। एक्स-रे (X-Ray) के अनुसार उसकी गर्दन की दो कशेरुकायें आपस में चिपक गयी थीं (fusion of C2 and C3 vertebrae), अन्य दो कशेरुकाओं के बीच जगह कम हो गयी थी (reduction in intervertebral space between C6 and C7) तथा छोटे-छोटे ऑस्टियोफाइट्स (osteophytes) दिखाई दे रहे थे। इस व्यक्ति का दर्द औरा हीलिंग से धीरे-धीरे कम होकर दस दिनों में समाप्त हो गया।

यह विधि हजारों वर्ष पुरानी है। कुछ वर्षों पहले तक इस विधि की उपयोगिता के बारे में बहुत कम व्यक्ति जानते थे, परन्तु वैज्ञानिक शोधों के कारण आज इस विधि से अधिकाधिक व्यक्ति उपचार कराने लगे हैं और विश्व के अनेकों अस्पतालों में भी औरा उपचारकों या प्राण उपचारकों द्वारा अनेक भयंकर रोगों के उपचार में सहायता ली जा रही है।

इस विधि में औरा उपचारक अपनी हथेलियों द्वारा आपके औरा का स्पर्श करते हैं और उसमें आए विकार अर्थात् उसके आकार में परिवर्तन, प्राण ऊर्जा की मात्रा, प्राण ऊर्जा के प्रवाह में बाधाएं, कम्पनों की गति (vibrations), दबाव तथा मन की अवस्था का पता करते हैं। विकारों को जानने के बाद  आवश्यकतानुसार उपचार किया जाता है। इस विधि द्वारा उपचार किसी अनुभवी एवं योग्य औरा उपचारक या प्राण उपचारक से ही कराना चाहिये।

05 जीवन शैली में परिवर्तन

चूंकि मेरुदण्ड के दर्द का कारण मेरुदण्ड पर अधिक दबाव या इसका गलत उपयोग है, इसीलिये आपको अपनी जीवन शैली को सुधारना होगा।

- शरीर को समुचित नींद (7 से 8 घंटे) दें। मांसपेशियां कार्य करते-करते थक जाती हैं। थकी हालत में इनसे कार्य नहीं लेना चाहिये, बल्कि इन्हें आराम देना चाहिये।

- नींद के लिये बिस्तर इस प्रकार का होना चाहिये कि मेरुदण्ड को पूर्ण आराम मिले। पलंग पर रूई के या 32 से 40 घनत्व (density) वाली फोम के गद्दे हों। सिर के नीचे लगभग एक इंच मोटा रूई का तकिया हो। कम घनत्व वाली फोम के गद्दे तथा अधिक मोटे तकिये कभी भी उपयोग में नहीं लाएं, क्योंकि इनसे अक्सर मेरुदण्ड में दर्द शुरू हो जाता है या बढ़ जाता है।

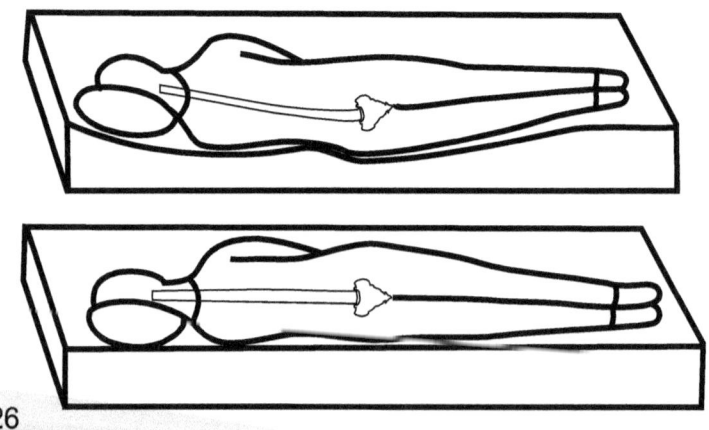

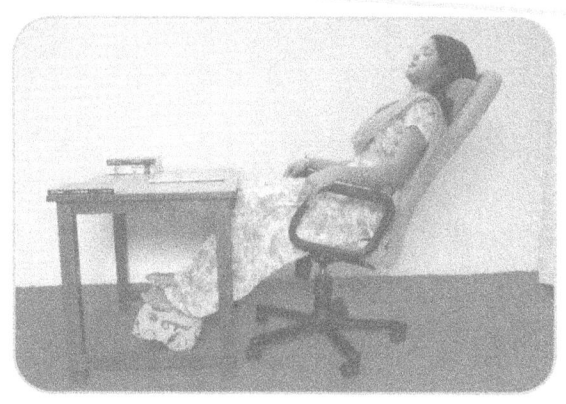

- कार्य के दौरान प्रत्येक चार घंटों के अन्तराल पर कुर्सी पर ही कुछ मिनट आराम करें। आराम के समय बांसुरी पर धीमी गति से बजता कोई राग का कैसेट या सी.डी. चला लें।

- कमर या गर्दन झुकाकर न बैठें।

- वैज्ञानिक

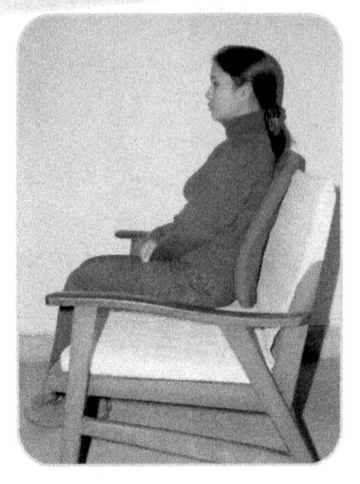 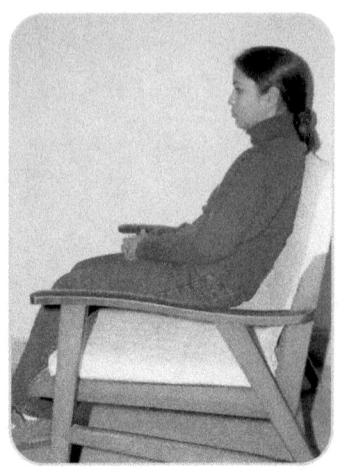

डिजाइन की कुर्सी पर बैठकर या बैक रेस्ट लगाकर ही कार्य करें। इससे मेरुदण्ड सीधी रहेगी तथा साथ ही आप लम्बे समय तक सुविधापूर्वक कार्य कर पाएंगे। जिन व्यक्तियों को कुर्सी से आराम नहीं प्राप्त होता है, वे लोग जल्दी थक जाते हैं तथा चिड़चिड़े भी हो जाते हैं। इसके विपरीत वैज्ञानिक डिजाइन की

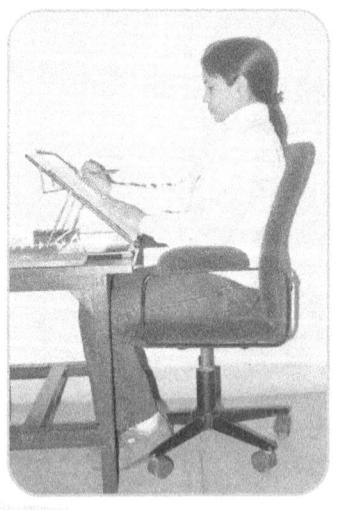 

कुर्सी पर बैठने से थकावट भी जल्दी नहीं आती है और आप हलका व चुस्त महसूस करते हैं। कुर्सी का डिजाइन वैज्ञानिक है अथवा नहीं, यह आप स्वयं महसूस करके जान सकते हैं। अन्यथा किसी हड्डी के चिकित्सक (orthopaedic doctor) को दिखाकर जान सकते हैं।

- जिस प्रकार से कमीज या पतलून विभिन्न लम्बाई की होती है और उन्हें आप अपनी लम्बाई के अनुसार खरीदते हैं, उसी प्रकार आपको अपने लिये कुर्सी भी सही माप की उपयोग में लानी चाहिये। सीट की गहराई आपकी जांघ की लम्बाई से लगभग एक इंच कम तथा ऊंचाई एड़ी से घुटने की दूरी के बराबर होनी चाहिये। कुर्सी में पीछे मेरुदण्ड के आकार के अनुसार

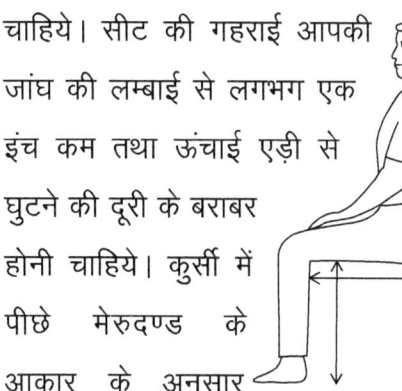 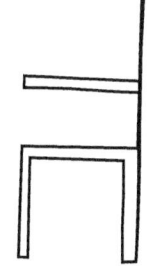

सही घुमाव हो, अन्यथा वैज्ञानिक बैक रेस्ट लगाएं।

- जमीन पर वज्रासन की मुद्रा में बैठें। यदि बैठने में टखनों में

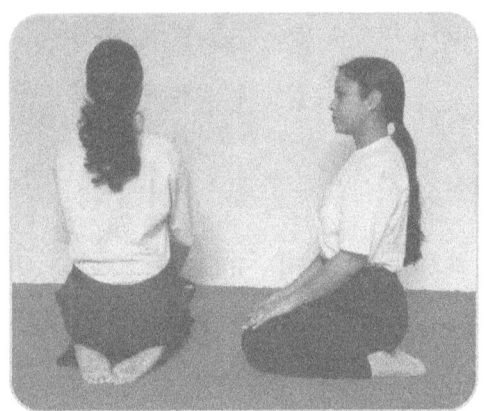
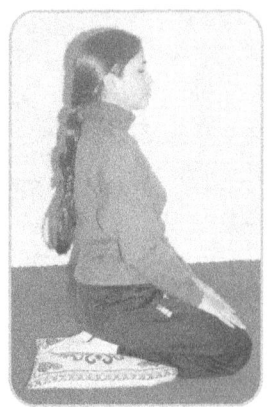

खिंचाव या दर्द का अनुभव हो, तो टखनों के नीचे तौलिया या कुशन लगाएं। पालथी में बैठने पर नितम्ब के नीचे छह से आठ इंच ऊंची गद्दी लगाएं तथा घुटने जमीन को छूते रहें, अन्यथा जमीन पर रखकर बैठने हेतु बनी कुर्सी पर बैठें।

- कार या बस में यात्रा करते समय झटकों के कारण मेरुदण्ड पर बहुत अधिक जोर व दबाव पड़ता है, जिससे अक्सर दर्द बढ़ जाता है या फिर शुरू हो जाता है। यात्रा करते समय पीठ के पीछे हमेशा बैक रेस्ट लगाएं।

- मोटर साइकिल या स्कूटर चलाते समय मेरुदण्ड को कभी भी ढीला छोड़कर न बैठें। इसे हमेशा तानकर बैठें।

- यात्रा पूरी होने पर मेरुदण्ड को पीछे की तरफ झुककर तीन-चार बार तानें।

- लेटकर पढ़ने या टी.वी. देखने के लिये योग के मकर आसन की स्थिति में या छाती के नीचे तकिया लगाकर लेटें या पीठ के पीछे वैज्ञानिक बैक रेस्ट लगाकर आराम मुद्रा में बैठें।

- कार्य के दौरान

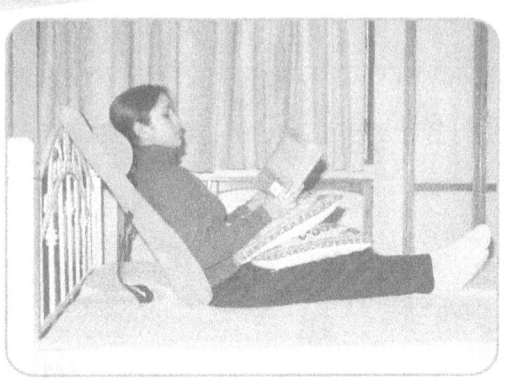

प्रत्येक दो घंटे पर कमर को सामने की ओर तानें तथा गर्दन को पीछे की ओर मोड़ें। ऐसा लगभग पांच बार करें।

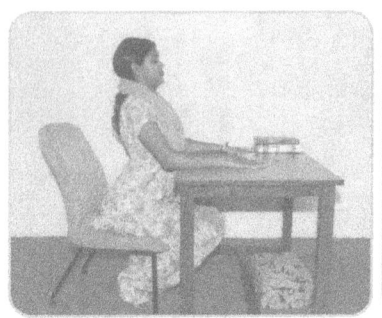

- जमीन से सामान उठाने के लिये मेरुदण्ड को सीधा रखें तथा घुटनों को मोड़कर नीचे हो जाएं। मेरुदण्ड को सीधा रखते हुए सामान उठाकर सीधे खड़े हो जाएं। कभी भी

कमर से सामने झुककर सामान न उठाएं।

- दोनों हाथों से सामान उठाकर मेरुदण्ड को सीधा रखकर चलें। कभी भी एक हाथ में भारी सामान लेकर न चलें।

- उदर से चर्बी कम करने के लिये सही आसन करें, जैसे - उत्थितधड़ासन। इसके लिये कुछ

उत्थितधड़ासन

व्यक्ति पश्चिमोत्तानासन या हस्तपादासन (कटि शक्ति विकासक) का खूब अभ्यास करना शुरू कर देते हैं। ऐसा करने से चर्बी तो कम नहीं होती है, परन्तु इसके विपरीत मेरुदण्ड में दर्द अवश्य शुरू हो जाता है।

हस्तपादासन

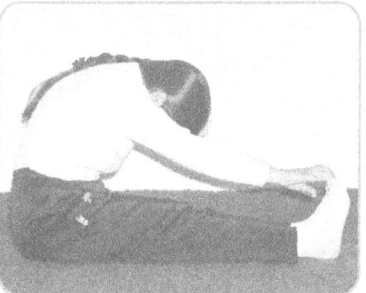

पश्चिमोत्तानासन

- यदि कपालभाँति का अभ्यास करने से कमर में थकावट या हल्का दर्द महसूस होता है, तो कमर पर दोनों हथेलियां लगाकर अभ्यास करें। यदि इसके बाद भी दर्द होता है, तो अभ्यास न करें।

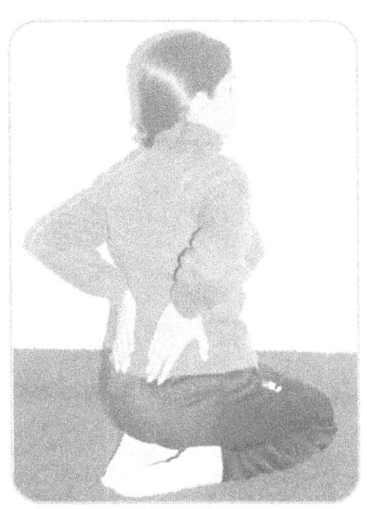

- बैडमिन्टन व लॉन टेनिस के खिलाड़ियों की मेरुदण्ड एक ओर अधिक झुकती है। इन खिलाड़ियों को इस ओर को कोणासन या त्रिकोणासन द्वारा विपरीत दिशा में खींचना चाहिये।

कोणासन

त्रिकोणासन

- गर्भावस्था में कमर पर अत्यधिक जोर पड़ता है, अतः इस अवस्था में कमर की मांसपेशियों की भरपूर देख-रेख करें।

- कार्यालय में टेलीफोन को मेज पर पास में रखें, ताकि आप आराम से बैठे रहकर टेलीफोन को उठा लें। इसके लिये आप सामने न झुकें।

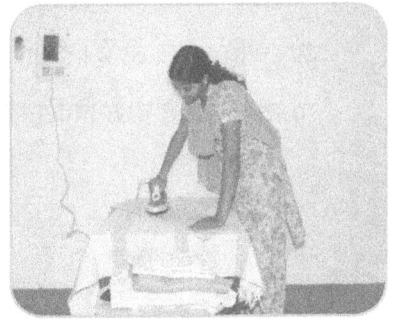

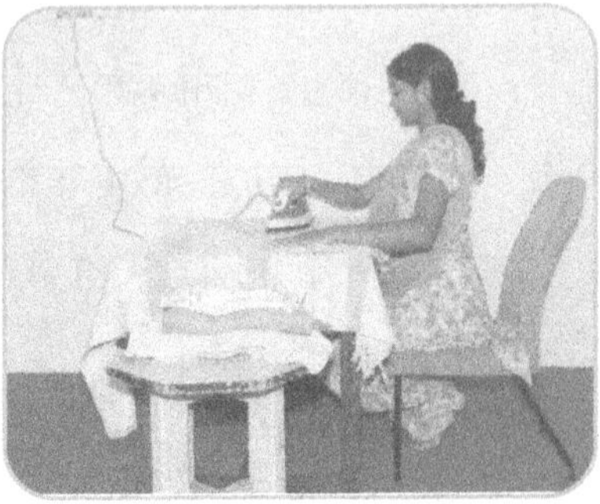

- महिलाओं को घरेलू कार्य करते समय विशेष रूप से सावधान रहना चाहिये कि वे कार्यों को सही मुद्रा में करें, जैसे कि कपड़े धोना, प्रेस करना, झाड़ू-पोंछा लगाना, रसोई में खड़े होकर भोजन बनाना आदि।

- शल्य-चिकित्सक, पैथॉलाजिस्ट, आर्कीटेक्ट, लोहार व बढ़ई को कमर तथा गर्दन; दर्जी, सुनार तथा घड़ीसाज को गर्दन पर विशेष ध्यान देना चाहिये, ताकि उनके कार्य करने की मुद्रा से मेरुदण्ड में दर्द न होने पाए।

- सभी व्यक्तियों का नित्य सुबह या शाम योगासनों का अभ्यास करना चाहिये।

दुख, भय व चिन्ता से मुक्ति 06

मेरुदण्ड में दर्द मनोवैज्ञानिक (psychological) कारणों से भी होता है। जिस प्रकार मनोवैज्ञानिक कारणों से रक्तचाप बढ़ जाता है, पाचन क्रिया या सांस की गति बिगड़ जाती है, उसी प्रकार से दुख, भय, निराशा, चिन्ता आदि से भी कमर में दर्द शुरू हो जाता है।

मैंने पाया है कि दुख, भय, निराशा, चिन्ता आदि से औरा (aura) सिकुड़ जाता है। उसमें प्राण ऊर्जा की मात्रा कम हो जाती है। किरलियन फोटोग्राफी से भी इस परिवर्तन का पता चला है। औरा के सिकुड़ जाने से शरीर के हर हिस्से और हर क्रिया पर प्रभाव पड़ता है।

औरा के सिकुड़ जाने से सोचने की गुणवत्ता एवं निश्चय करने की शक्ति पर भी कुप्रभाव पड़ता है। मन नकारात्मक रूप से सोचने लगता है, साथ ही बुद्धि द्वन्द्व की अवस्था में आ जाती है और यह अवस्था बनी ही रहती है, जब तक औरा पुनः फैले नहीं। औरा को फैलाने के दो उपाय होते हैं। पहला, औरा को औरा हीलर या प्राण-उपचारक ऊर्जा से भरवाया जाये। दूसरा, मन में सकारात्मक विचार पैदा किये जाएं।

मैंने कमर दर्द के अनेक रोगियों का केवल औरा हीलिंग तथा परामर्श (counselling) द्वारा उपचार किया और पाया कि उनका कमर दर्द लगभग पांच-छह दिनों में ही दूर हो गया।

मन को सकारात्मक बनाये रखने के लिये अच्छी सोच वाले व्यक्तियों, छोटे बच्चों या पक्षियों के साथ कुछ समय बिताएं। सच्चे एवं अनुभवी

आध्यात्मिक गुरुओं द्वारा बताए जीवन को समझने व सुधारने सम्बन्धी ज्ञान की बातें सुनें या पढ़ें।

दूसरे, किसी अनुभवी औरा हीलर या प्राण उपचार द्वारा पांच-छह दिन उपचार कराएं। औरा-हीलिंग से पांच-छह दिनों में ही औरा सामान्य अवस्था में आ जाता है और मन सकारात्मक रूप से सोचने लग जाता है। मन समस्याओं से घबराने या भागने के स्थान पर उनके समाधान खोजना शुरू कर देता है।

तीसरे, जीवन को अच्छे ढंग से जीने के लिये कुछ मूल शिक्षाओं को अपनाएं।

- हर कर्म का एक परिणाम निश्चित है तथा जैसा कर्म होगा, वैसा ही परिणाम होगा। अतः आप जीवन में दूसरों के साथ वैसा ही करें जैसा आप अपने लिये चाहते हों, वैसा न करें जैसा अपने लिये नहीं चाहते हों।

- किसी को दुख न दें।

- किसी का धन या वस्तु आदि न छीनें।

- दुखियों की सहायता करें।

- प्रकृति के नियमों तथा प्रकृति की हर वस्तु का सम्मान करें।

- ईर्ष्या, बैर, घृणा, लालच तथा क्रोध आदि भाव इंसान के सबसे बड़े दुश्मन हैं, इन्हें अपने अन्दर पैदा न होने दें। पैदा हो जाने पर उनसे शीघ्रातिशीघ्र मुक्त होने का प्रयत्न करें।

योगासन 07

योगासनों के द्वारा मेरुदण्ड के दर्द को हमेशा के लिये दूर रखा जा सकता है। इनका अभ्यास नित्य करना चाहिये। योगासन के अभ्यास की आदत विकसित करने के लिये आप एक समय को निश्चित कर लें कि प्रातः अमुक समय पर 15 मिनट योगासनों का अभ्यास अवश्य करेंगे। यदि समय निश्चित कर लेते हैं, तो घड़ी में वह समय बजते ही आप अभ्यास के लिये स्वतः प्रेरित हो जाते हैं। जो व्यक्ति ऐसा सोचते हैं कि सुबह किसी भी समय योगाभ्यास कर लेंगे, वे व्यक्ति शायद ही नियमित रूप से योगाभ्यास कर पाते हैं। समय का पालन करने वाले व्यक्ति ही योगाभ्यास नित्य कर पाते हैं।

योगाभ्यास हेतु नियम

योगाभ्यास के लिये कुछ नियमों का पालन अवश्य करें, वरना लाभ के स्थान पर हानि हो सकती है।

1. योगाभ्यास खाली पेट करें अर्थात् सुबह करें अन्यथा भोजन करने के तीन घंटे पश्चात् करें।
2. आसन को सुगमता से तथा अपने शरीर की लचक के अनुसार करें। झटका या अधिक बल का प्रयोग हानिहारक हो सकता है।
3. यदि योगाभ्यास करने से मेरुदण्ड में दर्द बढ़ता है, तो इसे तुरन्त बन्द कर दें और किसी अनुभवी योग उपचारक से परामर्श लें।

कमर के लिये योगासन

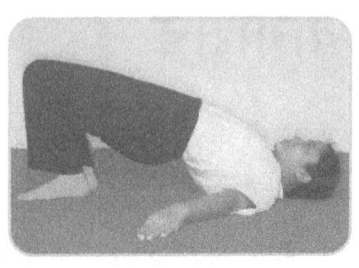

सेतु आसन : सांस नाक से अन्दर भरते हुये नितम्ब व धड़ को सहजता से ऊपर उठाएं तथा इस अवस्था में 10 सेकण्ड रुकें। तत्पश्चात् सांस बाहर छोड़ते हुए नितम्ब व धड़ नीचे ले आएं।

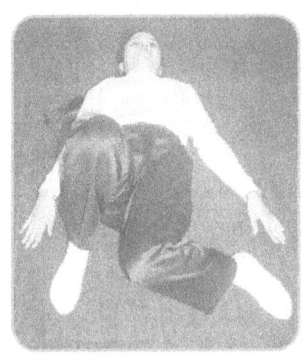

जानु एड़ी आसन : दोनों टांगों को लगभग 18 इंच दूर रखें। सांस बाहर छोड़ते हुये दायीं टांग को बायीं टांग की ओर सहजता से नीचे लाएं तथा लगभग 10 सेकण्ड रुकें। तत्पश्चात् सांस अन्दर भरते हुए दायीं टांग को ऊपर ले आएं। इसी प्रकार बांयी टांग से करें।

मकर आसन : दोनों हथेलियों को ठुड्डी के नीचे रखें और दोनों टांगों को फैला लें। आंखें बन्द करके श्वॉस-प्रश्वास को महसूस करें।

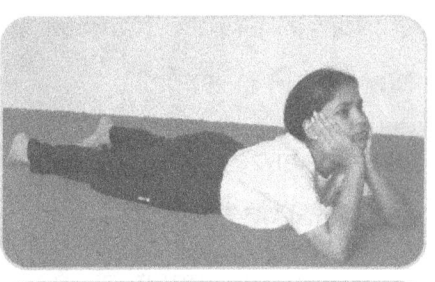

सर्प आसन : सांस अन्दर भरते हुए छाती सहजता से ऊपर उठायें तथा

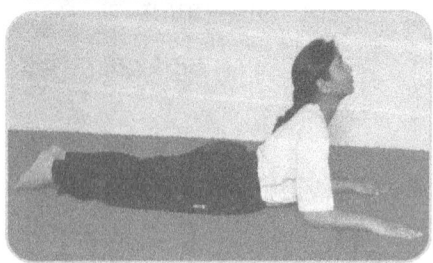

लगभग 10 सेकण्ड रुकें। तत्पश्चात् सांस बाहर छोड़ते हुए छाती नीचे ले आएं। ध्यान दें कि नाभि व कोहनियां धरती को छूती रहें।

सर्पासन की दूसरी अवस्था में भुजाओं को पूरा तान लिया जाता है और नाभि धरती से ऊपर उठा ली जाती है। यह अवस्था कुछ कठिन है। इस प्रकार से केवल उन्हीं व्यक्तियों को करना चाहिये जिनकी मेरुदण्ड में काफी लचीलापन है अथवा जिन्हें इसका अभ्यास करते समय किसी भी प्रकार की परेशानी नहीं होती है।

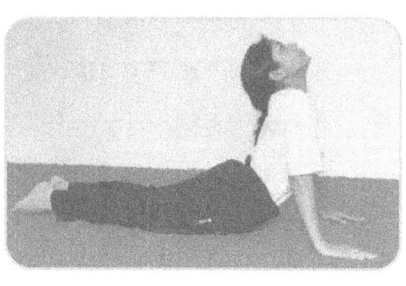

शलभ आसन : इस आसन को अनेक प्रकार से किया जाता है।

- सांस अन्दर भरते हुए दायीं टांग सहजता से ऊपर उठायें तथा लगभग 10 सेकण्ड रुकें। तत्पश्चात् सांस बाहर छोड़ते हुये टांग को नीचे ले आएं। इसी प्रकार बायीं टांग से करें।

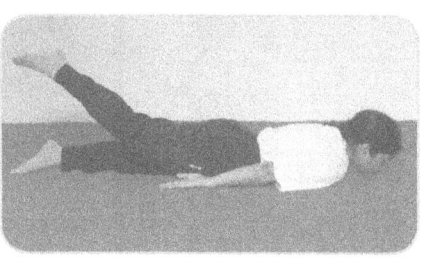

- सांस अन्दर भरते हुए दोनों टांगों को सहजता से ऊपर उठायें तथा लगभग 10 सेकण्ड रुकें। तत्पश्चात् सांस बाहर छोड़ते हुए टांगों को नीचे ले आएं।

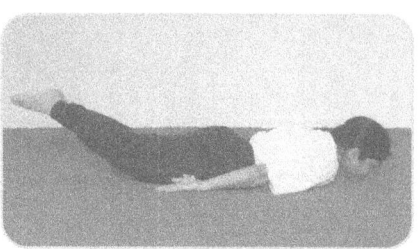

- सांस अन्दर भरते हुए बायीं भुजा तथा दायीं टांग सहजता से ऊपर उठायें तथा लगभग 10 सेकण्ड रुकें। तत्पश्चात् सांस बाहर छोड़ते हुए 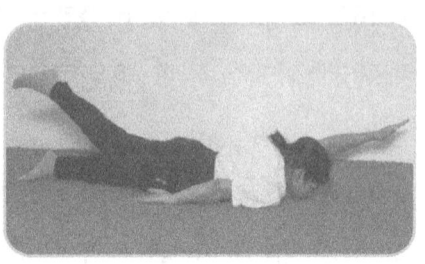 भुजा व टांग को नीचे ले आएं। इसी प्रकार दायीं भुजा व बायीं टांग से करें।

- सांस अन्दर भरते हुए सिर, छाती व दोनों टांगों को सहजता से ऊपर उठाएं तथा लगभग 10 सेकण्ड रुकें। तत्पश्चात् सांस बाहर छोड़ते हुये उन्हें नीचे ले आएं। ध्यान रखें कि टांगों को 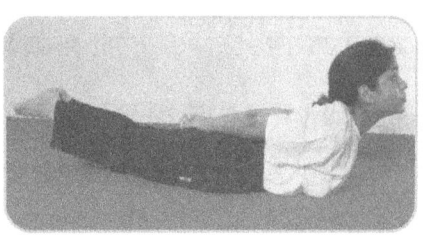 सीधा रखना है, उन्हें घुटनों से मोड़ना नहीं है।

बिडाल आसन : सांस अन्दर भरते हुए गर्दन को ऊपर तथा कमर को

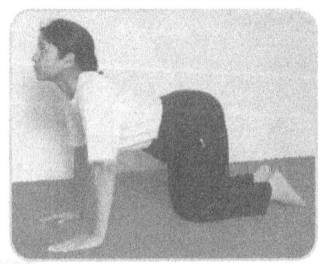 

नीचे एक साथ लाएं और लगभग 10 सेकण्ड रुकें। तत्पश्चात् सांस बाहर छोड़ते हुए गर्दन व कमर को सामान्य अवस्था में ले आएं।

गर्दन के लिये योगासन

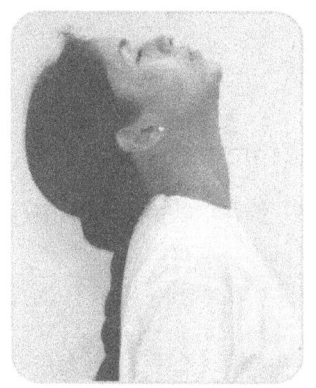
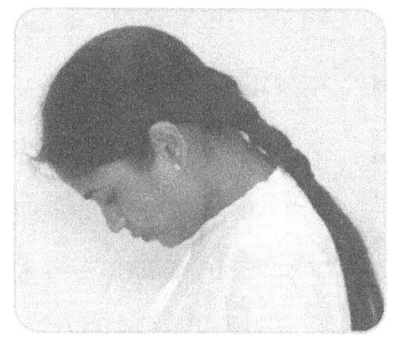

गर्दन से सम्बन्धित योगासनों को खड़े होकर या जमीन पर वज्रासन या सुखासन (पालथी) की मुद्रा में करें। यदि जमीन पर बैठना कठिन या असम्भव हो, तो कुर्सी पर बैठकर अभ्यास करें।

ग्रीवा शक्ति विकासक

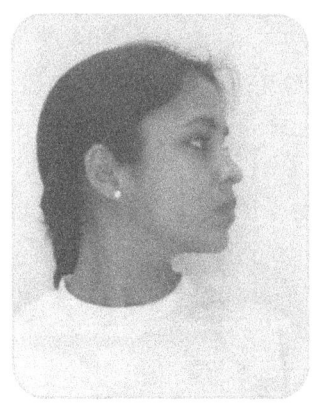
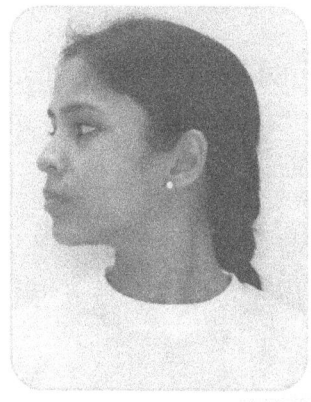

- गर्दन को पीछे की ओर मोड़ें और लगभग 3 सेकण्ड रुकें, तत्पश्चात् गर्दन सीधी कर लें। गर्दन को सामने न झुकाएं।

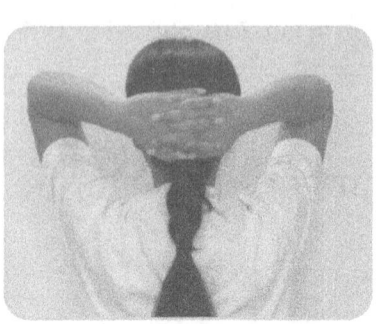

- गर्दन को बायें-दायें घुमाएं।

- दोनों हथेलियों को सिर के पीछे रखें। गर्दन को सामने मोड़ने के लिये हाथों से जोर लगाएं तथा साथ ही साथ हाथों को पीछे की ओर धकेलने के लिये गर्दन से जोर लगाएं। इस प्रकार दो बल एक साथ एक दूसरे के विपरीत कार्य करेंगे तथा गर्दन अपने स्थान पर स्थिर रहेगी, वह न सामने झुकेगी और न ही पीछे। इस अवस्था में गर्दन को लगभग 10 सेकण्ड रखें।

- पूर्व के अनुसार हथेलियों को माथे पर रखकर अभ्यास करें।

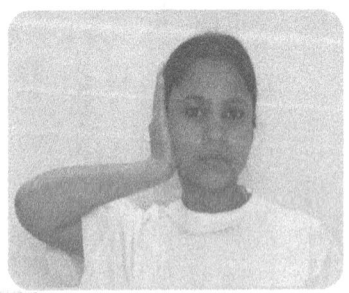
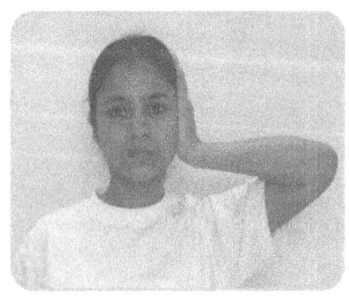

44

- गर्दन को दायें हाथ से धकेलें और साथ ही साथ गर्दन को मुड़ने से रोकने के लिये गर्दन को कड़ा करें। इस अवस्था में

10 सेकण्ड रुकें। इसी प्रकार विपरीत दिशा में करें।

स्कन्ध शक्ति विकासक : दोनों हथेलियों को कंधों पर रखें तथा भुजाओं को चक्राकार घुमाएं। अब विपरीत दिशा में घुमाएं।

पर्वत आसन : सांस अन्दर भरते हुए दोनों भुजाओं को ऊपर उठाकर सहजता से खींचें तथा 10 सेकण्ड रुकें। तत्पश्चात् सांस बाहर छोड़ते हुए भुजाओं को नीचे ले आएं।

योगासनों की पुनरावृत्ति (repetitions of yogosanas) : योगासनों की संख्या तथा उनकी पुनरावृत्ति के लिये कोई एक नियम नहीं बनाया जा सकता है, जिसको सभी व्यक्ति अपना लें। संख्या व पुनरावृत्ति मुख्यतया आयु तथा दर्द की तीव्रता पर निर्भर करती है। सामान्यतया

08 वैज्ञानिक कुर्सी
(Ergonomic Chair)

कुर्सी के डिज़ाइन का मेरुदण्ड पर सीधा प्रभाव पड़ता है। जहां सही डिज़ाइन मेरुदण्ड को दर्द एवं दबाव से बचाता है, वहीं गलत डिज़ाइन दर्द का कारण भी बन जाता है। बाजार में अनेक प्रकार की कुर्सियां उपलब्ध हैं, जिनमें बड़ी-बड़ी कम्पनियों के द्वारा बनायी गयी कुर्सियां भी हैं, परन्तु आश्चर्य की बात है कि इनमें अधिकांश कुर्सियों का डिज़ाइन मेरुदण्ड की रचना के अनुसार नहीं है। कुछ कुर्सियां तो इस प्रकार की हैं कि उनके उपयोग से मेरुदण्ड में दर्द होना पूर्णरूप से सम्भावित है।

आप जब भी कुर्सी खरीदें, तो यह अवश्य देख लें कि कुर्सी के पीछे (back) का डिज़ाइन आपके मेरुदण्ड के घुमावों के अनुसार है या नहीं। कुर्सी में एक घुमाव उस स्थान पर आना चाहिये, जहां पर आपकी कमर का घुमाव आता है तथा

यदि आप ऊंची पीठ (high back) की कुर्सी खरीद रहे हैं, तो दूसरा घुमाव आपकी गर्दन के घुमाव के पास आना चाहिये या इस स्थान पर एक छोटा सा तकिया लगा होना चाहिये।

कुर्सी की पीठ के घुमाव दृढ़ होने चाहिये, ताकि आपकी पीठ के भार के दबाव से उनका घुमाव कम या समाप्त न हो जाये। कुर्सी की पीठ में केवल फोम से बने घुमाव अक्सर कुछ ही दिनों में खराब हो जाते हैं। कुर्सी की पीठ में घुमाव उसमें लगी लकड़ी, प्लास्टिक या फाइबर ग्लास में ही होने चाहिये।

कुर्सी की सीट दृढ़ एवं समतल होनी चाहिये न कि घुमावदार। इसके मध्य का हिस्सा किनारों से नीचा नहीं होना चाहिये। सीट पर रूई की गद्दी रखें, अन्यथा सीट 32 से 40 घनत्व वाली फोम से बनी होनी चाहिये। यदि आपके बैठने से रूई या फोम आधा इंच से अधिक दबे, तो यह आपके लिये उपयुक्त नहीं है।

कुर्सी पर बैठने पर आपकी जांघ धरती के समानान्तर रहनी चाहिये अथवा बेहतर होगा यदि यह घुटने की तरफ ढाल में हो, क्योंकि इस अवस्था में कमर स्वतः ही तन जाती है। आप स्वयं ऐसा प्रयोग करके देख सकते हैं। आप पाएंगे कि ज्यों-ज्यों आप जांघ में घुटने की तरफ ढाल अधिक करते हैं, त्यों-त्यों कमर स्वतः ही तन जाती है।

मेरुदण्ड को सीधा रखने में कुर्सी की सीट की गहराई अत्यधिक महत्त्वपूर्ण है। यदि कुर्सी की पीठ पूरी तरह से वैज्ञानिक है, परन्तु कुर्सी की गहराई आवश्यकता से अधिक है, तो उससे कोई लाभ नहीं मिलता है। सोफा की गइराई काफी अधिक होती है इसलिये उस पर बैठने में मेरुदण्ड गलत ढंग से मुड़ जाती है और कमर में दर्द होने लगता है। यही कारण है कि आपको सोफा पर गहराई कम करने के लिये कुशन का उपयोग करना पड़ता है।

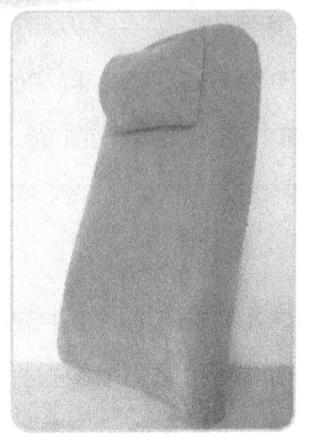
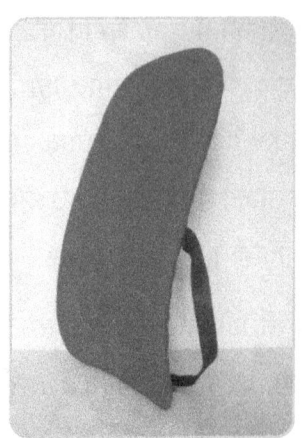

सामान्यतया पढ़ने की कुर्सी की गहराई चार फुट के व्यक्तियों के लिए लगभग 16 इंच, पांच फुट के व्यक्तियों के लिए 17½ इंच तथा छह फुट के व्यक्तियों के लिये 19 इंच की उपयुक्त होती है।

चूंकि बाजार में वैज्ञानिक डिज़ाइन की कुर्सी को ढूंढ़ना एक कठिन कार्य है, अतः किसी भी कुर्सी पर फाइबर ग्लास की बनी बैक रेस्ट लगाकर भी मेरुदण्ड को स्वस्थ रखा जाता है।

जमीन पर बैठकर कार्य करने वालों को भी हमेशा वैज्ञानिक डिजाइन की बनी कुर्सी पर ही बैठकर कार्य करना चाहिये, अन्यथा बैक रेस्ट लगाकर बैठना चाहिये।

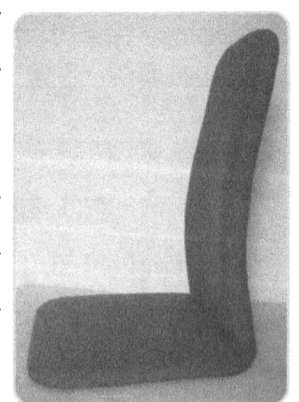

फोटो में दर्शायी कुर्सी विशेष गुणों वाली है। इसे सभी आयु के व्यक्तियों द्वारा तथा सभी जगह अर्थात् कुर्सी, सोफा, पलंग व जमीन पर उपयोग में लाया जा सकता है।

क्या सर्जरी (surgery) करायें? 09

मैंने लगभग दो दशकों में मेरुदण्ड के दर्द से पीड़ित अनेक व्यक्तियों का दर्द, औरा हीलिंग तथा एक्युप्रेशर द्वारा दूर किया है। इनमें से कुछ रोगी ऐसे थे जिनको चिकित्सकों द्वारा सर्जरी कराने के लिये कहा गया था, क्योंकि एलोपैथी की दवाओं, फिजियोथिरेपी तथा विभिन्न तरह की सिंकाइयों से उनका दर्द दूर नहीं हो पाया था। कुछ रोगी ऐसे थे, जो देश के अनेक अस्पतालों में उपचार के लिये जा चुके थे। कुछ अन्य रोगी विदेशों में भी उपचार करा चुके थे। परन्तु वे सभी दर्द से मुक्त नहीं हो पाए और सभी को सर्जरी कराने की सलाह दी गयी थी। ईश्वर की प्रेरणा से वे मेरे पास उपचार कराने आये और वे इन उपचार विधियों के द्वारा सर्जरी कराने से बच गये।

मेरुदण्ड के दर्द को दूर करने के लिये सर्वप्रथम औरा हीलिंग और एक्युप्रेशर की सहायता लेनी चाहिये, न कि एलोपैथी दवाओं या फिजियोथिरेपी की। वास्तव में इन विधियों के द्वारा, जो कि वैकल्पिक उपचार (alternative therapy) कही जाने लगी हैं, सबसे पहले उपचार कराना चाहिये। इन उपचार विधियों को वैकल्पिक उपचार न समझकर प्रथम उपचार (primary therapy) समझना चाहिये।

अक्सर ज्यादातर लोग दवाओं और फिजियोथिरेपी पर निर्भर होकर कई दिनों तक पीड़ा सहन करते रहते हैं और फिर अन्त में औरा हीलिंग तथा एक्युप्रेशर द्वारा उपचार कराना शुरू करते हैं। अक्सर इस

अन्तराल में समस्या और अधिक बढ़ चुकी होती है। साधारणतया सामान्य परिस्थितियों में औरा हीलिंग व एक्युप्रेशर से उपचार सबसे पहले कराना चाहिये और यदि इन विधियों से दर्द दस दिनों में कम या दूर न हो, तब अन्य चिकित्सा पद्धति की सहायता लेनी चाहिये। क्योंकि साधारणतया इन विधियों से दस दिनों में लाभ अवश्य ही प्राप्त हो जाता है।

कर्म-परिणाम नियम   10

कोई भी रोग या कष्ट यूं ही नहीं आता है। इसके पीछे कोई न कोई कारण छिपा होता है। इसी प्रकार यदि कमर, गर्दन, कंधों या पैर में दर्द काफी लम्बे समय से बना हुआ है और सभी उपचार असफल हो रहे हैं, तो इसके पीछे भी कोई न कोई कारण छिपा होगा। रोगों के अनेक प्रत्यक्ष (visible) कारणों के साथ-साथ, एक अप्रत्यक्ष (invisible) कारण भी होता है और वह है, आपके द्वारा कभी किसी प्राणी को दिया गया दुख। प्रकृति का नियम है—जैसा करोगे, वैसा पाओगे। सो जिस दर्द या वेदना से आप गुजर रहे हैं, वह संभवतया आपने अपने इस जन्म या पूर्व जन्मों में किसी मनुष्य या जानवर को दिया होगा।

कहा जाता है, भीष्म पितामह भगवान श्रीकृष्ण से अपने शरीर में लगे बाणों का कारण पूछते हैं, तो भगवान श्रीकृष्ण उनको उनके द्वारा पिछले एक जन्म में एक पक्षी को तीर चुभाकर कष्ट देना बताते हैं।

ब्रिटिश डॉक्टर ब्रायन वीस भी अपनी एक पुस्तक 'Many Masters Many Lives' में प्रकृति के इसी नियम की सत्यता को लिखते हैं।

मैं स्वयं भी प्रकृति के इस नियम पर विश्वास करता हूं। अनेक बच्चे विभिन्न प्रकार के रोगों या विकारों के साथ पैदा होते हैं। उनमें से कुछ बच्चों के ठीक होने की संभावना भी नहीं होती है। ऐसे बच्चों के माता-पिता का पूर्ण जीवन ही दुख व चिन्ता से घिर जाता है। जिन

मां-बाप के यहां विकृत मस्तिष्क की सन्तान पैदा हो जाती है, उन मां-बाप की मन की शान्ति हमेशा के लिये विदा हो जाती है। ज्यों-ज्यों सन्तान की आयु बढ़ती है, त्यों-त्यों मां-बाप चिन्ता में सूखते जाते हैं। भविष्य निराशा से भरा दिखाई देता है। आखिरकार, मां-बाप की इस पीड़ा का कोई तो कारण होगा। प्रकृति या ईश्वर यूं ही किसी को दुख नहीं देते हैं। हम सब अपने दुखों का कारण स्वयं ही बनाते हैं।

आप अपने हृदय में उतरें। आप ध्यान करें। अपने चित्त को शान्त करें और प्रकृति के इस नियम की सत्यता को महसूस करें। जिस दिन सत्यता महसूस होगी, उसी दिन समझ में आएगा कि आपकी बीमारी का कारण आपके द्वारा इस जन्म या पूर्व जन्म में किया गया कोई बुरा कर्म है। हो सकता है, आपने कभी किसी का अधिकार छल या बल से छीना हो या अपनी शक्ति से किसी को दुख या डर दिया हो। जिस क्षण आप दूसरे को दी गई पीड़ा को महसूस करेंगे, उसी दिन आप रोएंगे और परमात्मा से अपने किये गए बुरे कर्मों के लिये क्षमा मांगेंगे। इस क्षमा के भाव के क्षणों में आप अपने वर्तमान दर्द को परमात्मा से एक सज़ा के रूप में हृदय से सहज स्वीकार कर लेंगे। अब आप इससे बेचैन नहीं होंगे। इस समय परमात्मा भी यही सोचेंगे कि अब जब यह व्यक्ति सुधर गया, तो सज़ा का अर्थ भी पूरा हो गया।

मुझे विश्वास है कि यदि आपके हृदय में क्षमा का भाव वास्तव में और सघन रूप में घटा है, तो आपकी पीड़ा शीघ्र ही विदा होगी।

माता-पिता व शिक्षकों के लिये 11

मेरुदण्ड में दर्द साधारणतया कुछ दिनों या महीनों तक गलत ढंग से बैठने से नहीं होता है, बल्कि यह कई वर्षों तक गलत ढंग से बैठने का परिणाम होता है। यदि माता-पिता व शिक्षक बच्चों को प्रारम्भ से ही सही ढंग से बैठना सिखा दें और मेरुदण्ड के योगासनों का अभ्यास करा दें, तो वे जीवन में कभी भी मेरुदण्ड के दर्द से पीड़ित नहीं होंगे। यह छोटी सी शिक्षा विश्व से मेरुदण्ड के दर्द को लगभग पूर्ण रूप से समाप्त कर सकती है।

- माता-पिता व शिक्षकों को हर समय सचेत रहना चाहिये कि बच्चे कतई भी मेरुदण्ड को सामने की ओर झुकाकर न पढ़ें।

- घर व स्कूल में कई स्थानों पर बच्चों की सही मुद्रा में बैठी तस्वीरें टांग दें।

- माता-पिता व शिक्षकों को स्वयं भी सही मुद्रा में बैठना चाहिये। चूंकि बच्चे अधिकतर अनुकरण (learning by copying) द्वारा सीखते हैं, इसलिये वे उनका अनुकरण करके आसानी से सही ढंग से बैठना सीख सकते हैं।

- बच्चों को रोज वज्रासन, सेतु-आसन, मकरासन, सर्पासन, शलभासन, बिडालासन का अभ्यास कराना चाहिये। आसनों का अभ्यास बच्चों को उनकी तीन वर्ष की आयु से ही कराना शुरू

किया जा सकता है। इस आयु में वे आसानी से कोई भी आसन सीख सकते हैं। इस आयु में यह मुख्य बात नहीं है कि वे सभी आसनों को पूर्णतया सही ढंग से करें। वे सुगमता से जितना कर पाएं अर्थात् शरीर को मोड़ या उठा पाएं उतना ही उन्हें करने दें। आयु बढ़ने के साथ-साथ वे सभी आसनों को पूर्णतया सही ढंग से स्वयं ही करने लग जाएंगे। इस समय यह बात अधिक महत्त्वपूर्ण है कि उनमें योगासनों का नित्य अभ्यास करने की आदत डल जाये। जिस प्रकार आप बच्चों में दांत साफ करने की आदत डालते हैं, उसी प्रकार योगाभ्यास की आदत भी डालें। क्योंकि बाल्यावस्था में पड़ी आदतें जीवन भर हमारी दिनचर्या का एक अंग बनी रहती हैं और वह कार्य बिना किसी विशेष प्रयत्न के होता रहता है। अतः बाल्यावस्था में ही बच्चों को योग के महत्त्व को खेल-खेल में समझाते हुए, उसके प्रति रुचि जाग्रत करने का प्रयत्न करना चाहिये। बच्चे स्वस्थ जीवन व्यतीत करें, यह माता-पिता का प्रमुख दायित्व है।

- माता-पिता तथा शिक्षकों को इस बात का हमेशा ध्यान रखना चाहिये कि जब-जब बच्चे उठना, बैठना, लेटना, पढ़ना, टी.वी. आदि देखना, जैसे कार्य सही मुद्रा में न कर रहे हों, तो उन्हें स्नेहपूर्वक समझाते हुए उस गलत मुद्रा में कार्य करने के दुष्परिणामों से अवगत कराकर, सही मुद्रा में कार्य करने के लिए प्रेरित (motivate) करें।

अक्सर पूछे जाने वाले प्रश्न 12

प्रश्न : क्या सर्वाइकल या लम्बर स्पॉनडिलोसिस (cervical or lumbar spondylosis) मात्र एक बार पानी से भरे हुए लोटे को या सूटकेस उठाने से हो सकती है ?

उत्तर : कभी नहीं ! साधारणतया स्पॉनडिलोसिस एक लम्बे समय तक मेरुदण्ड के गलत उपयोग के कारण होती है।

प्रश्न : क्या सर्वाइकल और लम्बर स्पॉनडिलोसिस (cervical and Lubmar spondylosis) का दर्द औरा हीलिंग, एक्युप्रेशर और आसनों से दूर हो सकता है ?

उत्तर : हां ! मैं इस रोग के अनेक रोगियों का दर्द इन विधियों द्वारा दूर कर चुका हूं।

प्रश्न : MRI की रिपोर्ट के अनुसार L3-L4 तथा L4-L5 के मध्य की डिस्क्स कुछ खिसक (protrude) गयी हैं और वे थीकल सैक (thecal sac) तथा नर्व रूट्स (nerve roots) को दबा रही हैं, जिस कारण कमर में असहनीय दर्द है और दवाओं से कोई आराम नहीं मिल पाया है। क्या इस दशा में औरा हीलिंग व एक्युप्रेशर से दर्द खत्म हो सकता है ?

उत्तर : जी हां !

प्रश्न : क्या bilateral sacroilitis के दर्द को औरा हीलिंग तथा एक्युप्रेशर से दूर किया जा सकता है?

उत्तर : जी हां !

प्रश्न : यदि गर्दन की दो कशेरुकायें आपस में चिपक (fusion of C2 and C3 cervical vertebrae) गयी हों तथा छोटे-छोटे ऑस्टियोफाइट्स (osteophytes) बन गये हों, तो क्या इस अवस्था में औरा हीलिंग और एक्युप्रेशर के द्वारा दर्द कम या दूर हो सकता है?

उत्तर : जी हां ! इस तरह की दशा में भी मैंने औरा हीलिंग व एक्युप्रेशर द्वारा दर्द समाप्त करने में सफलता पायी है।

प्रश्न : क्या औरा हीलिंग एवं एक्युप्रेशर के साथ कोई दवा भी खाने के लिये दी जाती है?

उत्तर : नहीं !

प्रश्न : क्या गर्दन या कमर दर्द की दशा में स्पॉट जागिंग (spot jogging) या दौड़ सकते हैं?

उत्तर : नहीं ! ऐसा करने से दर्द के बढ़ने की सम्भावना है।

प्रश्न : क्या गर्दन या कमर दर्द की दशा में सीढ़ियां चढ़ सकते हैं?

उत्तर : साधारणतया आपको सीढ़ियां नहीं चढ़नी चाहिये।

प्रश्न : क्या सर्दी की ठंडक से दर्द में अन्तर पड़ता है ?

उत्तर : जी हां ! ठंडी हवा या वातावरण के ठंडे होने से दर्द के बढ़ने की सम्भावना होती है। अतः सर्दी में शरीर को ऊनी कपड़ों से भली-भांति ढककर रखना चाहिये।

प्रश्न : क्या एक्युप्रेशर के द्वारा एक दिन में तीन या चार बार उपचार किया जा सकता है ?

उत्तर : यदि दर्द अधिक है, तो एक दिन में तीन या चार बार भी उपचार किया जा सकता है। साधारणतया एक दिन में दो बार उपचार करने से ही दर्द कम हो जाता है।

प्रश्न : क्या तीव्र दर्द की अवस्था में योग आसन कर सकते हैं ?

उत्तर : नहीं ! पहले दर्द कम हो जाने दें, तब योग आसनों का अभ्यास करें।

प्रश्न : क्या गर्दन में सर्वाइकल कालर (cervical collar) तथा कमर में बेल्ट (lumbar corset) बांधने से दर्द कम हो जाता है ?

उत्तर : नहीं ! ये दोनों मेरुदण्ड की सुरक्षा के लिये हैं। ये गर्दन व कमर को सामने झुकने से रोकने के लिये पहने जाते हैं, ताकि नाड़ियों पर दबाव न बढ़ने पाये और न ही दर्द बढ़ने पाये। इनको पैदल चलने व किसी भी वाहन में यात्रा करते समय अवश्य पहनना चाहिये, ताकि झटकों या गिरने से दर्द न बढ़ने

पाये और साथ ही मेरुदण्ड पूरी तरह सुरक्षित रहे। लेटने के समय साधारणतया इनकी आवश्यकता नहीं पड़ती है। यदि आप बैठकर कमर व गर्दन सीधी रखकर अपना कार्य सुगमता से कर सकते हैं, तो बेहतर होता है कि इनका सहारा न लिया जाये। लम्बे समय तक कमर में बेल्ट बांधने से उदर की मांसपेशियां ढीली पड़ जाती हैं, जो कि स्वास्थ्य की दृष्टि से नुकसानदायक है।

प्रश्न : क्या कोई भी व्यक्ति आपसे औरा हीलिंग, एक्युप्रेशर और योग आसनों को सीख सकता है ?

उत्तर : जी हां ! इसके लिये आप सत्यबोध आश्रम, तीरथ विहार, अतरौली, गुडम्बा थाना, कुर्सी रोड, लखनऊ या yakshini-ma@hotmail.com पर सम्पर्क करें।

फीडबैक्स्

13

मेरे अस्पताल में सर्जरी के बाद एक महिला के शरीर से कई दिनों से खून बह रहा था और खून किसी भी दवा से रूक नहीं पा रहा था। तब मैंने योगाचार्य एवं औरा हीलर, पवन जैन जी से सहयोग मांगा। उनके औरा हीलिंग के इलाज से कुछ मिनटों में खून बहना बंद हो गया। एक अन्य रोगी कोमा की अवस्था मे था वह भी उनके इलाज से शीघ्र ही स्वस्थ हो गया।

डा0 नीरज बोरा, प्रमुख डाक्टर, सेवा अस्पताल, लखनऊ

drneeraj31@yahoo.com

मेरी टांग में अनेक वर्षों से सायटिका दर्द था और वह फिजियोथिरेपी से भी नहीं जा रहा था। पवन जैन गुरूजी के औरा हीलिंग उपचार से मेरा दर्द तीन दिनों में ही चला गया।

डेबोरा ब्रिटो, रियो-दे-जनेरो, ब्राजील

deborabeve@yahoo.com

मेरी कमर में दस वर्षों से असहनीय दर्द था। डाक्टरों ने मुझे सर्जरी की सलाह दी थी, परन्तु मुझे विश्वास नहीं था कि सर्जरी से मैं ठीक हो जाऊंगी क्योंकि मैंने अनेक व्यक्तियों को सर्जरी से ठीक होते नहीं देखा था। मैंने लखनऊ में योगाचार्य श्री पवन जैन से औरा हीलिंग से इलाज कराया और दस दिनों मे मेरा दर्द पूर्णरूप से चला गया।

माधुरी सिंह, गृहिणी, लेगॉस, नाइज़ीरिया

मेरी गर्दन में असहनीय दर्द था। **MRI** के अनुसार **C5-C6** डिस्क से नर्व दबी हुयी थी तथा **C6-C7** डिस्क खिसक गयी थी। मैंने आस्ट्रेलिया में उपचार कराया, परन्तु मेरा दर्द पूरी तरह नहीं गया था। दर्द के कारण मैं अपना कार्य ठीक प्रकार से नहीं कर पा रहा था तथा मेरे आत्म-विश्वास में भी कमी आ रही थी। श्री पवन जैन की औरा हीलिंग तथा एक्यूप्रेशर से मेरा दर्द समाप्त हो गया और मेरा आत्म-विश्वास भी लौट आया।

संजय मिश्रा, सीनियर लेक्चरर, बायोमेडिकल इंजीनियरिंग
क्वीन्सलैंड यूनिवर्सिटी ऑफ टेक्नोलाजी, आस्ट्रेलिया

sk.misra@qut.ed.au